OUTRO SILÊNCIO
haikais

mavera, Verão, Outono, Inverno, Primavera, Verão, Outo

utono, Inverno, Primavera Verão, Outono, Inverno, Prim

imavera, Verão, Outono, Inverno, Primavera, Verão, Outo

utono, Inverno, Primavera, Verão, Outono, Inverno, I

verno, Primavera, Verão, Outono, Inverno, Primavera

imavera, Verão, Outono, Inverno, Primavera, Verão, Outo

utono, Inverno, Primavera, Verão, Outono, Inverno, Prim

imavera, Verão, Outono, Inverno, Primavera, Verão, Outo

utono, Inverno, Primavera, Verão, Outono, Inverno, Prim

imavera, Verão, Outono, Inverno, Primavera, Verão, C

rão, Outono, Inverno, Primavera, Verão, Outono, Inverr

verno, Primavera, Verão, Outono, Inverno, Primavera,

imavera, Verão, Outono, Inverno, Primavera, Verão, Outo

utono, Inverno, Primavera, Verão, Outono, Inverno, Pr

rão, Outono, Inverno, Primavera, Verão, Outono, Inverr

verno, Primavera, Verão, Outono, Inverno, Primavera

mavera, Verão, Outono, Inverno, Primavera, Verão, Outo

utono, Inverno, Primavera, Verão, Outono, Inverno, Prim

mavera, Verão, Outono, Inverno, Primavera, Verão, Outo

utono, Inverno, Primavera, Verão, Outono, Inverno, Prim

mavera, Verão, Outono, Inverno, Primavera, Verão, Outo

utono, Inverno, Primavera, Verão, Outono, Inverno, I

verno, Primavera, Verão, Outono, Inverno, Primavera

mavera, Verão, Outono, Inverno, Primavera, Verão, O

rão, Outono, Inverno, Primavera, Verão, Outono, Inver

verno, Primavera, Verão, Outono, Inverno, Primavera,

mavera, Verão, Outono, Inverno, Primavera, Verão,

rão, Outono, Inverno, Primavera, Verão, Outono, Inverr

verno, Primavera, Verão, Outono, Inverno, Primavera,

mavera, Verão, Outono, Inverno, Primavera, Verão, Outo

Outro
silêncio

ALICE RUIZ S

haikais

BOA
COMPANHIA

Copyright © 2015 by Alice Ruiz S

Grafia atualizada segundo o Acordo Ortográfico da Língua Portuguesa de 1990, que entrou em vigor no Brasil em 2009.

Capa e projeto gráfico Retina 78

Foto p. 95 JSVieira

Preparação Márcia Copola

Revisão Huendel Viana e Marina Nogueira

Dados Internacionais de Catalogação na Publicação (CIP)
(Câmara Brasileira do Livro, SP, Brasil)

Ruiz S, Alice
    Outro silêncio : haikais / Alice Ruiz S — 1ª ed. — São Paulo : Boa Companhia, 2015.

    ISBN 978-85-65771-14-6

    1. Haikai 2. Poesia brasileira I. Título.

15-05241   CDD-869.1

Índice para catálogo sistemático:
1. Poesia haikai : Literatura brasileira 869.1

1ª reimpressão

Todos os direitos desta edição reservados à
EDITORA SCHWARCZ S.A.
Rua Bandeira Paulista, 702, cj. 32
04532-002 — São Paulo — SP
Telefone: (11) 3707-3500
www.companhiasdasletras.com.br
www.blogdacompanhia.com.br
facebook.com/companhiadasletras
instagram.com/companhiadasletras
twitter.com/cialetras

APRESENTAÇÃO

O haikai é uma forma poética que tem repercussão cada vez maior no Brasil, desde que ele chegou, em 1908, no navio *Kasato Maru*, ao porto de Santos, com a primeira leva de imigrantes vinda do Japão, sua terra de origem.

Muito da cultura japonesa, a começar pela escrita, nasceu na China. O haikai não, ele é fruto autêntico da Terra do Sol Nascente. Os próprios chineses deram o nome de *Waka* a essa poética. Significa "poesia do país de Wa", que é como eles chamavam o Japão: *Wa* ("Japão") *ka* ("poesia").

Quando se aprende outra língua, também se aprende outra forma de pensar e até de sentir. Quando se aprende outra escrita, se aprende outra forma de estar no mundo. Quando se aprende uma forma poética distinta da nossa, se aprende outra forma de ser. E, se isso não vale para todas as formas poéticas, com certeza vale para o haikai.

Com exceção do epigrama (que não chega a ser poesia) e de algumas incursões da poesia visual em que, às vezes, uma palavra basta para ser poesia, podemos dizer que o haikai é a menor forma poética que existe. Com apenas três versos — nunca mais e nunca menos — e no máximo dezessete sílabas, divididas em cinco sílabas no primeiro e no terceiro verso e sete no segundo, o haikai se expressa. Esse exercício de concisão, por si, já o distingue da poética ocidental.

Mas as diferenças só começam aí. Cada um desses versos tem ainda uma função. O primeiro normalmente se refere a uma imagem estática. No segundo se instaura o movimento, alguma coisa acontece. E o terceiro verso manifesta isso. Porém, não como uma conclusão.

Enquanto a verve do Ocidente fala de tudo e todos, a do Oriente tem apenas um assunto: a natureza. Parece pouco, mas é muito. Praticamente tudo o que não foi construído pelas mãos humanas é fonte de inspiração para o haikai. Desse modo, existe um elemento que não se expressa ostensivamente, o "eu" de quem escreve. Quanto menos explícito for o pensamento do(a) autor(a) no poema, mais haikai este é.

Basicamente se descreve uma cena observada na natureza. Essa cena é tão rica de significados que, em alguns casos, ela pode nos oferecer um bom haikai mesmo que o espírito não tenha se depurado para recebê-lo. Mas, nesse caso, podemos deixá-lo escapar, e é por isso que precisamos nos aprimorar para virar bons instrumentos de fazer haikai.

É assim que se sentem aqueles que veem o haikai como uma das várias práticas zen. Não o zen que virou moda. Ouve-se falar aleatoriamente de estilo zen, penteado zen, decoração zen e uma série de outras "banalidades" zen. Esse é apenas um truque do sistema para neutralizá-lo, pois percebeu o quanto ele pode ser subversivo, na medida em que nos torna livres do "eu" — ou "ego", se preferirem — e de seus desejos. Como Buda disse, o desejo é a fonte do sofrimento, porque nasce da ilusão de um "eu substancial" alienado do todo.

Abrir mão do "eu" é a única maneira de nos reintegrarmos a esse "todo" do qual fazemos parte. Assim, precisamos contemplar a natureza depois de ter desenvolvido atitudes de desapego aos valores herdados ou aprendidos, alheios à nossa própria natureza e à natureza como um todo.

Existem alguns caminhos para isso. Atitudes a cultivar e assimilar em nosso dia a dia até transformá-las em características nossas. Estados zen para nos tornarmos instrumentos de haikai. São eles:

AUSÊNCIA DO EU — As coisas existem sem nosso olhar e é assim que devem ser olhadas.

SOLIDÃO — A ideia é estarmos em nós mesmos. Num estado de centramento que independe de estarmos ou não a sós.

GRATA ACEITAÇÃO — Aceitar tudo o que nos vem, seja bom ou mau, com gratidão.

AUSÊNCIA DE PALAVRAS — No sentido de economia. Nada que não seja necessário merece ser dito.

AUSÊNCIA DE INTELECTUALIZAÇÃO — O haikai deve nascer, explodir, acontecer.

CONTRADIÇÃO — Flagrar o que há de contraditório. Sem esforço.

HUMOR — Os monges chamam a si mesmos de "velha saca de arroz". Sem solenidades.

LIBERDADE — Livre dos valores, livre dos apegos. Só a liberdade cria.

AMOR — Pela vida e pela morte, pela lua e pelo mosquito. Amor dentro. Sem apego. Estar amorosamente no mundo.

CORAGEM — De verbalizar o inverbalizável, de não ser lógico, de se desapegar, de dizer.

MATERIALIDADE — Como na escrita oriental, o haikai usa temas concretos, nunca abstratos.

SIMPLICIDADE — Falar das coisas como elas são. Sem perfumar a flor.

AUSÊNCIA DE MORALIDADE — Não dar nota às coisas. Sem "pré-conceitos".

São características aparentemente fáceis de incorporar ao jeito de se relacionar com o mundo. Mas há diferenças pequenas e importantes no modo como vemos essas características.

Amor é amor por tudo o que existe, inclusive pelo que consideramos feio ou desagradável. E, sobretudo, sem o sentimento de posse. Desapegadamente.

Ou o humor, que, diferente do humor ocidental, não tem nada a ver com a piada. Não ridiculariza ninguém, apenas traz leveza, tira a solenidade das situações, qualquer uma, até mesmo a da dor da perda, do fracasso, da inadequação.

Ou a grata aceitação que em nada se parece com a resignação, porque não é passiva. É um jeito ativo e grato de aceitar.

O conceito de originalidade, tão caro à poesia do Ocidente, é visto de outro modo no haikai. Como este se debruça sobre a natureza e as estações, é inevitável que se repitam os termos referentes a elas. Inclusive há uma forte corrente entre os haijins ("autores de haikais") que considera o *kigo* ("termo/palavra da estação") a principal regra para identificar se o poema é um haikai ou não, ainda que outras regras não sejam respeitadas, e o desassocia do zen. No entanto, o destaque para a estação do ano em que o haikai acontece pode ser visto, de certa maneira, como uma ênfase na impermanência, um dos pilares do zen. As estações — primavera, verão, outono, inverno — nos lembram das constantes transformações e dos ciclos da natureza, que funcionam como uma metáfora para tudo o que existe, até e sobretudo nós mesmos.

A observação da Lua de Outono, considerada a lua cheia mais espetacular do ano, é motivo de reunião entre os haijins, na busca da inspiração. Assim como a brisa de verão, as flores na primavera, a árvore desfolhada no inverno, ou as folhas que caem trazendo de volta o outono.

Mas, ainda que sejam temas recorrentes, podemos identificar estilos distintos e o diferencial característico na poesia de Matsuo Bashô (1644-94), Fukuda Chiyo-ni (1703-75), Yosa Buson (1716-83), Kobayashi Issa (1763-1827) e Masaoka Shiki (1867-1902), para ficar apenas entre os haijins de maior destaque da cultura japonesa. É só quando o espírito se despe da ilusão de um "eu substancial" que o verdadeiro "eu" aparece e com ele o estilo único do(a) poeta.

Há outra corrente, que considera a métrica (dezessete sílabas) tão importante que qualquer terceto que a desrespeite não pode ser tido como haikai. Regra difícil de seguir, já que nossa contagem silábica é diferente. Contamos as sílabas dos versos até a última tônica, e eles não. Em japonês, uma só sílaba pode ter dois tons ou dois *on*, em contraponto, inclusive, às nossas acentuações, que praticamente inexistem nessa língua.

O Brasil, muito provavelmente, é o país onde o haikai mais se popularizou. Não só pela quantidade de haijins na mais funda acepção do termo, mas porque, graças ao famoso jeitinho brasileiro, a forma tornou-se pop.

Alterou regras, expandiu o humor — muitas vezes até o limite do chulo; em suma, inseriu brasilidade. A começar por um de seus maiores divulgadores entre nós, Guilherme de Almeida, que inventou regras próprias e com isso criou escola. Quando o primeiro verso rima com o terceiro e no segundo verso a primeira palavra rima com a última, escrevemos um haikai guilhermino, e não o haikai nipônico.

Ou Millôr Fernàndes, que o popularizou nas páginas de revistas mas que, embora nomeasse haikai sua produção, na verdade publicava senryus, que é o nome do haikai especificamente humorístico e que pode, sem ônus, quebrar as regras. O nome vem de seu criador: Karai Senryu (1718-90).

No entanto, além das regras, é necessário que o haikai tenha *haimi*, palavra de difícil tradução mas que se convencionou verter para "sabor de haikai". Para percebê-lo, é preciso que o haijin e o leitor estejam em perfeito silêncio interior. Nossos pensamentos e sentimentos normalmente impedem esse silêncio.

Só a integração com o todo, num despojamento de intenções e de nós mesmos, permite que a poesia se instale em nós. Seja como produtor, seja como receptor, essa é a única forma de existência poética. O silêncio. Esse silêncio pode acontecer, inclusive, no meio da turbulência ruidosa exterior.

E, de certo modo, isso vale também para a poesia em geral. Talvez a poesia de qualquer parte do mundo seja, apenas, outro silêncio.

Alice Ruiz S

primavera

silêncio na mata
a mariposa pousa na flor
outro silêncio

rosas e brancas
as flores dançam ao vento
patas-de-vaca

pétalas vermelhas
desfilam caule abaixo
grilos e saúvas

passo a passo
nas patas-de-vaca
o outono se afasta

nessa primavera
o chão também amarela
chuva de flores

(com Leon Miguel Leminski Ruiz, 18/10/2013)

a flor-de-são-joão
abraça a placa da estrada
letras de cipó

a coruja pousa
no alto da lâmpada
e sai chiando

vespa no vidro
sobe, cai, volta a subir
por toda a viagem

depois da queimada
as árvores florescem
em outra direção

o que é aquilo?
coquinhos aos quilos?
almoço de esquilos

sobre a mesa
vaga-lume perdido
sempre aceso

boi malhado
as garças alçam voo
boi marrom

coquinho maduro
volta a ser verde
cacho de maritacas

(com Ná Ozzetti, 29/12/2013)

casa da cantora
até o perfume entoa
dama-da-noite

(para Ná Ozzetti)

voe aonde voe
pandorga, pipa, papagaio
só muda o nome

garça extraviada
observa imóvel a estrada
via sem saída

primeiro filhote
mais fiu-fiu que pio-pio
da mãe coruja

sol e vento frio
no dia da primavera
só ela não vem

pequena favela
pipas de todas as cores
cobrem seu céu

um fio de fim de lua
na manhã ensolarada
ainda brilha

verão

pé da serra
na barra da calça
respingos de barro

perto do mar
todos falam mais alto
onda sobre onda

o mar deságua
redondo e leitoso
reflexo da lua

noite escura
lume na folha verde
orvalho ou vaga-lume

em Pirenópolis
raios e relâmpagos
são pirilampos

escada de barro
carrega lembranças
do braço amigo

no céu um fio
no mar um brilho sem fim
lua supernova

chuva de verão
o pássaro no telhado
olha e não molha

acima das nuvens
de um sonho a outro
um mar imóvel

banho de sol
uma multidão espia
caranguejinhos

barulho de água
o vento nas palmeiras
antes da chuva

último dia
ainda parece novo
o ano que passou

um trovão pergunta
outro ao longe responde
pingos nos is

véspera de Ano-Novo
fogos em profusão
desespero dos pássaros

sol no jardim
calango marrom e verde
grama que corre

solo de sax
tamborilar da chuva
o show vira sonho

chuva de verão
você volta todo ano
a cada estação

gota de suor
rola pelo rosto
lágrima sem dor

noite de chuva
horas esperando
que o raio volte

calmaria no ar
calmaria no mar
calmaria no olhar

outono

noite de lua cheia
dentro do céu nublado
ainda incendeia

debate de poetas
periquitos nos beirais
falam muito mais

janela aberta
a cama toda coberta
folhas secas

lado a lado
as árvores se olham
e se desfolham

fim de outono
os varredores de rua
entram em férias

à beira da estrada
abanada pelos ventos
casa abandonada

campo de girassóis
entre Bonn e Köln
calor do outono

sonho de viagem
não sei se durmo
ou olho a paisagem

no hay viento
pero menea y menea
el humo de la chimenea

noite alta
apago as luzes de casa
para ver as do céu

casa da minha filha
sempre há uma estrela
mesmo quando não há

casa vazia
só a voz do morto
rádio ligado

galinhas ciscam
o cão se aproxima
o galo vigia

fim de tard'e
no farfalhar das folhas
a fala do vento

que fantasia vestem
quando tocadas pelo vento
as roupas no varal?

folha seca
voa de volta ao galho
pé de vento

inverno

um gato dorme
o outro bebe água
em cima do aquário

queimada no cerrado
no oco do tronco caído
fogueira acesa

queimada na mata
boiando no lago
reflexo das chamas

espumas ao vento
mesmo morrendo
a cachoeira dá show

manhã sem vento
treme a folha de orquídea
inverno no sul

cruz na estrada
um pássaro preto pousa
nenhuma flor

aconchegados
entre a novela e o novelo
pontos sem nó

céu fechado
a lua vestida de nuvens
se insinua

coberta de neblina
a cidade se ilumina
fora de foco

lento pôr do sol
imóvel no telhado
o gato vira ouro

tarde fria
alimentando o fogo
velhos poemas

canto claro
corta a tarde
pássaro preto

canto de pássaro
atravessa a madrugada
até acordar o dia

diante de nós a noite
mas o sol ainda vai se pôr
no espelho retrovisor

salão iluminado
só as árvores dançam
música do vento

noite gelada
a cidade toda coberta
denso nevoeiro

tempo de seca
enfeitando janelas
sempre-viva

balança ao vento
o trevo-de-quatro-folhas
suas três flores

Alice Ruiz S nasceu em Curitiba, no dia 22 de janeiro de 1946. Poeta, haikaísta e letrista, é uma das principais autoras brasileiras em atividade. Já atuou também como publicitária, tradutora e editora, escreveu roteiros de histórias em quadrinhos e publicou artigos feministas em revistas. Seu primeiro livro, *Navalhanaliga*, ganhou o prêmio de melhor obra lançada no Paraná em 1980. É autora ainda de títulos como *Pelos pelos* (1984), *Vice versos* (1989) e *Dois em um* (2008), os dois últimos vencedores de prêmios Jabuti. Assina mais de vinte livros, além de parcerias musicais com Arnaldo Antunes, Zeca Baleiro, Zélia Duncan, Itamar Assumpção, José Miguel Wisnik, Alzira Espíndola e Chico César, entre outros. Ministra oficinas de haikai por todo o país e é a responsável pela organização do best-seller *Toda poesia* de Paulo Leminski.

1ª EDIÇÃO [2015] 1 reimpressão

ESTA OBRA FOI COMPOSTA POR ACOMTE EM BERLING
E IMPRESSA PELA GRÁFICA PAYM EM OFSETE SOBRE PAPEL PÓLEN DA
SUZANO S.A. PARA A EDITORA SCHWARCZ EM JULHO DE 2025

A marca FSC® é a garantia de que a madeira utilizada na fabricação do papel deste livro provém de florestas que foram gerenciadas de maneira ambientalmente correta, socialmente justa e economicamente viável, além de outras fontes de origem controlada.